Heimatgedanken

Eine lyrische Reise durch mein Leben

Widmung

Ich widme dieses Buch meinen Eltern, die mich mit unendlicher Fürsorge, Liebe und Zuneigung durch mein Leben begleitet haben und mir in guten wie in schweren Zeiten hilfreich zur Seite standen.
Sie erst ließen mich den Wert dessen erkennen, was wir gemeinhin unter „Heimat" verstehen. Ihre Gegenwart war prägend und hinterlässt in mir ein zutiefst bereicherndes Gefühl der Geborgenheit, des Schutzes sowie des gegenseitigen Verstehens und Vertrauens.
Sie stehen damit für den Ort, der so oft zum Refugium meiner Gedanken wurde, zum beglückenden Ruhepol in einer teils erschreckend schnelllebigen, oberflächlichen, schrillen und beängstigenden globalisierten Welt.

Gunther Theis

Heimatgedanken

Eine lyrische Reise durch mein Leben

Bibliografische Information der Deutschen Nationalbibliothek:
Die Deutsche Nationalbibliothek verzeichnet diese Publikation in der Deutschen Nationalbibliografie; detaillierte bibliografische Daten sind im Internet über http://dnb.dnb.de abrufbar.

© 2015 Gunther Theis

Illustration: Gunther Theis

Herstellung und Verlag: BoD – Books on Demand, Norderstedt

ISBN: 978-3-739216430

Vorwort

Geboren 1957 in Bremen, verbrachte ich meine Kindheit und Jugendzeit in Sagehorn, einem kleinen niedersächsischen Dörfchen im Landkreis Verden/Aller. Geprägt vom einfachen und bescheidenen Leben auf dem Lande, von den Werten und Gebräuchen fleißiger Dorfbewohner, von der Einzigartigkeit und Schönheit der den Ort umgebenden Fluss- und Moorlandschaft, entwickelte sich schon früh eine sehr intensive heimatliche Bindung und Orientierung.

Nach Absolvierung meines Abiturs an einem Bremer Gymnasium entschied ich mich für einen folgenreichen „Blick über den Tellerrand" und begann meine berufliche Laufbahn als Offiziersanwärter der Bundeswehr. Nach Abschluss der Ausbildung zum Offizier studierte ich Erziehungswissenschaften an der heutigen Helmut Schmidt Universität in Hamburg. In den Folgejahren realisierte ich einen Kindheitstraum, indem ich eine zweijährige Ausbildung zum Jet-Piloten in den USA erfolgreich durchlief. Eingesetzt auf verschiedensten militärischen Flugzeugtypen verbrachte ich meinen Dienst an mehreren deutschen und ausländischen Standorten. Nach 25-jähriger Pilotentätigkeit folgte eine mehrjährige Verwendung als Dozent an der Führungsakademie der Bundeswehr in Hamburg sowie eine Tätigkeit als Stabsoffizier im Bereich der internationalen Rüstungskontrolle.

Trotz zahlreicher Einsätze im In- und Ausland sowie diverser Versetzungen innerhalb Deutschlands blieb die Erinnerung an die alte Heimat stets wach. So war ich bemüht, Verbindungen nicht abreißen zu lassen und sie bewusst und nachhaltig zu pflegen. Insbesondere die Liebe zur norddeutschen Landschaft sowie ihren originellen, grundehrlichen und ursprünglichen Bewohnern zog mich als „Besucher", immer wieder in mein Heimatdorf zurück.

Schon früh erkannte ich dabei den unschätzbaren Wert eines Ortes, an dem die Zeit zwar nicht spurlos vorüber gegangen ist, der für mich aber zeitlebens ein Refugium der Stille, der Geborgenheit und unersetzbarer Wertmaßstäbe geblieben ist.

Die vorliegende Sammlung lyrischer Gedichte entstand im Verlauf mehrerer Jahrzehnte und dokumentiert individuelle Gedanken, Eindrücke, Gefühle und Bewertungen. Sie markiert die Spur eines Menschen, dem das Schicksal Vieles nahm und ihn ungewollt zum rastlosen Wanderer und Suchenden werden ließ.

Titelbild: Aquarell des Autors „Herbstliche Überschwemmung an der Wümme", 2015

Erinnerungen

Heimatgedanken

*Winzig der Ort,- einer Vielzahl gleich,
unscheinbar dem Fremden, farblos und bleich.
Nichts sagend, ja stumm für den, der's nicht kennt,
das Feuer der Kindheit, das tief in mir brennt.*

*Einst zog es mich fort, du liebliches Land,
durchschnitten vom Leichtsinn, was uns stets verband.
Voll Gier nach dem Neuen, voll Lust auf Erfolg,
zurück blieb im Schatten der Ahnen Volk.*

*Ein Irrlicht die Fremde von lockendem Glanz,
listig dich fordernd zum tröstenden Tanz.
Träume verblassen, Sehnsucht zerrinnt,
die Wahrheit verweht wie Wolken im Wind.*

*Lass sie nicht ziehen, greif' nach dem Sinn,
schrei nach der Heimat, verfluch den Gewinn.
Fühl doch die Wärme, die schützende Hand,
die Wurzel des Daseins unter ihrem Gewand.*

*Winzig der Ort,- einer Vielzahl gleich,
doch Boden der Hoffnung, gnädig und reich.
Umarmend die Seinen in Glück und in Not,
für den, der ihn kennt, Paradies bis zum Tod.*

Das Zierapfelbäumchen

*In Vaters Garten steht ein Baum,
von Raureif überzogen,
ein silbrig funkelnd weißer Flaum,
die Zweiglein sanft gebogen.*

*Betagt und knorrig prangt der Stamm,
erstarrt in Frost und Eise,
und welke Blätter zittern klamm,
zum Lied der kleinen Meise.*

*In hellen Flocken staubt der Schnee,
vom kalten Wind getrieben
und wirbelt lustig im Karree,
ein Bildnis zum Verlieben.*

*Wie stumme Glöckchen träumen steif,
versunken im Gezweige,
die dörren Früchte überreif,
ihr Saft ging still zur Neige.*

*Wie lieb ist dieses Bäumchen mir
seit frühen Kindertagen,
so oft steh ich entzückt vor dir
und hätt' doch viele Fragen.*

*Wo kommst du her, was treibt dich an,
erzähl' von alten Zeiten,
zogst mich seit je in deinen Bann
tat'st treu mich stets begleiten.*

*Sah blühen dich im Sonnenschein,
sah fallen bunte Blätter,
ich sprach zu dir in tiefer Pein
und fand in dir den Retter.*

*So schlaf still weiter alter Baum
und träum' von warmen Tagen,
erwachst schon bald aus deinem Traum,
wirst rosa Blüten tragen.*

Unser Dorf

*Im Schatten der Geest, am Moore gelegen,
auf saftigem Grasland, an sandigen Wegen.
Im Schutz hoher Eichen erstreckt sich der Ort,
das Ziel meiner Träume, der Kindheit Hort.*

*Auf glänzenden Äckern, auf fruchtbarem Land
zeigt üppig der Weizen sein gelbes Gewand.
Leuchtende Ähren und rauschendes Korn,
oh blühende Heimat,- mein Sagehorn.*

*Leis' klappert die Mühle in fernen Gedanken,
am Mühlberg sie stand auf hölzernen Planken.
Einst schwang sie zum Gruße die mächtigen Flügel,
im Winde sich wiegend auf lehmigem Hügel.*

*Behend' fließt die Wümme durch schäumende Wehre,
aus Gräben gespeist strebt sie zum Meere.
Umgeben von Wiesen und duftigem Heu,
von äsenden Rehen, so wachsam und scheu.*

*Tiefblau reifen Schlehen in dornigen Hecken,
an zahllosen Pfaden Pappeln sich strecken.
Verspielt flimmern Blättchen zitternd umher
gleich silbernen Herzen im Lichtermeer.*

*In schwindelnde Höhen steigen die Lerchen,
zwitschernd verkünden sie fröhliche Märchen.
Kunstvolle Strophen aus winziger Kehle,
Klänge der Heimat verzaubern die Seele.*

*Des Brachvogels Ruf durchbricht jäh die Stille,
vom Bahndamm ertönt das Zirpen der Grille.
Verspielt stürzt der Kiebitz in zackigem Fluge
fern Kraniche gleiten auf einsamem Zuge.*

*Ihr Bilder im Herzen begleitet mein Leben
und fordert die Sinne, zum Ursprung zu streben.
Seid Quell der Gedanken an glückliche Zeiten,
gestattet mir Träume in endlose Weiten.*

Erinnerung

Im Licht des frühen Morgen erwacht der neue Tag,
der dunkle Schleier schwindet, der Feld und Flur umgab.
Ein nächtlich kühler Schauer dringt tief bis auf die Haut,
mein Blick fällt auf die Eichen, die mir so sehr vertraut.

Der Weg führt mich zu ihnen, die einem Denkmal gleich,
das Bild am Flusslauf prägen, im Nebel ruht der Deich.
Im Morgenwinde krächzet die knorrig, schwere Last,
so lass ich mich hernieder, zu einer kurzen Rast.

Der Jahre sind so viele vergangen schon seither,
wir Kinder hier einst spielten, doch nun ist alles leer.
Doch fühle ich die Kraft, die stets mich neu ergreift,
mit unsichtbaren Zügeln an diesen Ort mich schleift.

Die Nacht, obschon vergangen, gleicht meines Lebens Lauf,
die Zeit verrann im Dunkel, ich schaue hoch hinauf.
Schon färbt die junge Sonne das bunte Blätterdach
und ruft, mit Macht, im Herzen Erinnerungen wach.

Im Schutz der alten Eichen, so wie es dereinst war,
darf unbekümmert spielen ich in froher Kinderschar.
Hier bleibt das Bild wohl ewig wach, denn ihr seid meine Zeugen,
hier muss ich der Vergesslichkeit mich niemals gänzlich beugen.

Der Bach

Im Schatten alter Eichen, nicht fern vom Elternhaus,
der Mühlenbach sich windet, zu ihm zieht's mich hinaus.
Seit Kindertagen führt mich mein Weg an diesen Ort,
wo einst ich hört' ein Rauschen, heut' plätschert's nurmehr dort.

Das hohe Ufer zeugt noch von einer anderen Zeit,
nur die Erinnerung noch lebet hier,- was tat man dir zu Leid?
Kein Tröpfchen mehr durchrinnet die Wurzeln dort am Rand,
sie ragen fremd und sinnlos aus einer toten Wand.

Die gute alte Birke, sie steht noch dort im Gras.
Gar oft sie Halt uns Kindern gab beim Sprung ins kühle Nass.
Ich wollt', sie könnt erzählen, was sie einst vor sich sah,
in metertiefen Fluten manch' munt're Kinderschar.

Doch still ist's nun geworden, schon lang' kein Kind mehr hier,
an dieser Stelle stirbt der Bach, doch auch ein Teil von mir.
Mich packt die Wut, der blanke Hass, nie werd ich's ganz versteh'n,
wohl war's des Menschen stete Gier, dass du, mein Freund, musst geh'n.

Kein Hoffen auf ein Wiederseh'n in deinem alten Kleid.
Ich steh auf deiner Brücken hier, der Weg zurück,- zu weit.
Gewiss, gewiss, so steht's Gesetz, ein Jedes muss vergeh'n,
doch ohne Sinn ist dieser Tod, wer wird ihn je versteh'n?

Gering, so scheint's, ist der Verlust, den kaum ein Mensch beklagt,
doch wehe dir du Menschenkind, so deutlich sei's gesagt:
wer Schöpfung so mit Füßen tritt aus niederträcht'gem Grund,
dem hat schon bald geschlagen die allerletzte Stund'.

Landschaft und Natur

Das Moor

Hoch steht's Wasser im Torfkanal,
führt Treibholz und Blätter ohne Zahl.
Rostbraune Strudel wirbeln empor,
jenseits des Ufers liegt schweigend das Moor.

An knorrigen Ästen staut sich die Flut,
Schaumkronen tänzeln auf quirligem Sud.
Vom Grund des Gewässers steigt fauliger Duft,
schwebt wabernd im Winde und schwängert die Luft.

Mannshohe Binsen steh'n winkend im Wind,
blauschwarze Wolken ziehen geschwind,
zieh'n tief über's nasse, sumpfige Land,
hüllen das Moor in ein dunkles Gewand.

Birken und Erlen auf schwammigem Grund,
ein Bussard am Himmel zieht schwebend die Rund'.
Sein einsamer Schrei dringt an mein Ohr,
mir wird so wunderlich hier im Moor.

Silberne Weiden, rotglühender Porst,
im Eichbaum hoch droben ein Sperberhorst.
Wollgras und Torfmoos prägt diese Welt
und, jenseits des Klappstaus, das Buchweizenfeld.

Wie lang noch, so frag ich, besteht dies Juwel,
so einzig, voll Leben, mit eigener Seel'?
Das Moor muss leben, muss ewig besteh'n,
schwarzbraunes Eiland, darfst niemals vergeh'n.

Nebelland

*Wie friedvoll es ist, im Nebel zu steh'n,
in Schleiern auf aschgrauen Pfaden zu geh'n.
Die Sinne gefangen in feucht trüben Sphären,
im Dunste sich Bilder seltsam verklären.*

*Vertrautes entzieht sich dem suchenden Blick,
welch Kunstwerk, gestaltet mit größtem Geschick.
Ein silberner Zauber liegt über dem Land,
verhüllt alles Leben mit nasskalter Hand.*

*Von schwebenden Bändern zärtlich umgarnt
ruht schweigend der Moorsee, stilvoll getarnt.
Sein Schilf säumt das Ufer als schützender Kranz,
im Wasser sich spiegelnd in mystischem Glanz.*

*Dem Auge verborgen ertönt dumpf ein Schrei,
ein einsamer Reiher zieht heimlich vorbei.
Die bleigraue Wand erstickt jeden Laut,
wo farbfrohes Klangspiel im Nebel ergraut.*

*Ein seltsam' Gefühl ins Herze sich schleicht,
der göttliche Odem die Seele befreit.
Unendlich geborgen auf einsamem Feld,
durchschreite ich freudig die diesige Welt.*

Ansichten eines Wanderers

*Von fernem Ort noch dringt's zu mir
als mahnend, dumpfes Grollen,
als rief ein wildes, mächt'ges Tier,
Respekt ihm doch zu zollen.*

*Und wahrlich steh' voll Ehrfurcht ich
im Schutz der hohen Eiben,
fühl' hilflos klein, ja schmächtig mich
ob jenes Wetters Treiben.*

*Tiefschwarz noch prangt der Wolkenturm
am Saum der nahen Wälder,
vorbei der Spuk, der wilde Sturm,
nun glitzern Weg und Felder.*

*Durchtrieft vom Wasser dampft das Land,
kaum fähig, mehr zu tragen,
es keucht die Erd', es quillt der Sand,
der Wind treibt kühle Schwaden.*

*Schon dringt der erste Sonnenstrahl
durchs schwere Dach der Bäume,
wirft neues Leben tief ins Tal,
schenkt Hoffnung, Glauben, Träume.*

*Auch hier im Tann auf hohem Pfad
fernab vom nächsten Orte
regt wieder Leben sich gar zart,-
ein Schauspiel ohne Worte.*

*Der Grillen Sang hebt an aufs Neu',
die erste Hummel zeiget
sich über duftend nassem Heu,
oh Welt,- du scheinst verkleidet.*

Ein Laubfrosch tönt voll Zuversicht,
sein Ruf durchdringt die Stille,
dem Forst entströmt ein strahlend' Licht,
mit Macht zirpt nun die Grille.

Die Spinne dort am Wegesrand
ihr Labyrinth errichtet,
zieht mühelos ihr seidig Band
bis sie ihr Werk verrichtet.

Noch stürzt manch Tropfen jäh zu Boden
bis flache Kräterchen entsteh'n.
Schwer wurzeln Farne tief im Soden,
Girlanden gleich die Blättchen weh'n.

Ein Rüsselkäfer kreuzt den Weg,
die Fühler hoch errichtet,
ihn zieht's, so scheint's, zum schmalen Steg,
dort wo der Wald sich lichtet.

Ergriffen setz den Weg ich fort,
zu schauen Gottes Werke;
so wandre ich froh von Ort zu Ort
mit neuer Seelenstärke.

Manch Finkenschlag aus dichtem Holz
erfüllt mein Herz mit Wonne.
In mir keimt Dankbarkeit und Stolz,
mit Pracht erstrahlt die Sonne.

Vorüber ist des Himmels Wut
gleich bösem, schwerem Schicksal
froh fasst das Leben neuen Mut,
so schwinden Leid und Trübsal.

Wo Gottes Kräfte machtvoll walten,
wo immer, wann und wie,
erstrahlt nach demutsvollem Halten
die Welt in tiefer Harmonie.

Die Nachtigall

*Ihr Sang mir schier das Herz entzückt,
versteckt, in wilden Gärten,
sie melodiös das Dunkel schmückt,
macht trillernde Offerten.*

*In bunten Strophen klingt ihr Lied
durchdringt verspielt die Stille,
ein nächtlich' Zauber sich vollzieht,
welch' heimliche Idylle.*

*Was mag der Hymne Botschaft sein?
Ist's Freude, ist's ein Klagen?
O Nachtigall, du tönst so rein,-
Was soll dein Lied mir sagen?*

*Die Schönheit deiner Stimme Klang
vergoldet Frühlingsnächte,
und spinnt gleich zartem Lobgesang
wohlklingende Geflechte.*

*Ergriffen, Vöglein lausch ich dir,
hör doch so gern dich schlagen,
dein Lied erfüllt mich mit Plaisier,
die Worte mir versagen.*

*Still atme ich die Strophen ein,
lass sie durchs Herz mir schallen,
und schlürfe sie wie güldnen Wein,
bevor sie sanft verhallen.*

Der Greif

Von warmen Lüften sanft getragen,
schwebt einsam er durchs tiefe Blau,
sein Ruf gleicht schmerzlich, wehem Klagen,
auf grünen Wiesen glänzt der Tau.

Bewegungslos auf seinem Flug,
treibt ziellos er im Kreise,
wie königlich wirkt doch sein Zug,
wie schwerelos die Reise.

Er gleitet friedlich, ohne Zwang
so frei und ungebunden,
steigt mühelos durch Lerchenklang
zieht kraftvoll seine Runden.

Doch nichts entgeht dem scharfen Blick,
dem stetig wachen Sinn,
zeigt jäh im Sturze sein Geschick,
ein scheues Mäuschen sein Gewinn.

Schwach windet sich das zarte Tier
im Griff der starken Fänge,
doch Majestät, in wilder Gier,
verschlingt's auf ganzer Länge.

Ein stolzer Blick, ein Flügelschlag,
beendet jenes Leiden
schon steigt er in den jungen Tag
im Schatten hoher Weiden.

Auf breiten Schwingen trägt's ihn fort
weit über Moor und Felder,
zu unbekanntem, fremdem Ort
hoch über dunkle Wälder.

So leb denn wohl mein stolzer Freund,
lass treiben dich im Winde,
ich bleib zurück und lehn verträumt
an eines Baumes Rinde.

Jahreszeiten

Frühling

*Verheißend sprießet zartes Grün,
sein Glanz nährt Frühlingslüfte,
an feuchten Gräben Kätzchen blüh'n,
der Wind treibt süße Düfte.*

*Im Wald erschallt ein Lobgesang
aus kecken Vogelkehlen,
welch' Zauber ruht in jenem Klang,
der frisch durchdringt die Seelen.*

*Ein emsig' Treiben im Geäst
verkündet baldig' Leben.
Beflissentlich entsteht manch' Nest
in stetem Müh'n und Streben.*

*Wie friedlich reift der junge Tag
in schwingend frohen Reigen,
begleitet durch der Finken Schlag
vertreibt er nächtlich' Schweigen.*

*Der Frühling atmet gar vertraut,
sein Hauch betört die Sinne
und singt sein Lied, wohin man schaut
mit nimmermüder Stimme.*

Waldträume

Oktoberwald, verzauberst mich mit deinen bunten Farben,
will immerfort und seelenfroh an deiner Pracht mich laben.
Hier kupferrot, dort honiggelb erstrahlst du voller Leben,
scheinst kraftvoll und facettenreich dem Himmel zuzustreben.

Wie mächtig und wie würdevoll steht dort die alte Linde,
so unberührt und ewig stolz mit tief zerfurchter Rinde.
Ein Blätterdach schmückt ihren Stamm, gleich einer gold'nen Krone,
auf eines Kaisers edlem Haupt, auf schmuckverziertem Throne.

Ein Duft nach Moos und feuchter Erd' erfüllt den lichten Raum,
und flache Nebel tänzeln froh am nahen Waldessaum.
Ein warmes Licht, so ehrlich, dringt tief ins Herz hinein
Der Wald erliegt der Stille im Abendsonnenschein.

Vereinzelt fallen Blättchen aus ihrem güld'nen Reich,
ein Windhauch fasst sie zärtlich, treibt sie zum nahen Teich.
In dicht gedrängten Reihen taumeln sie umher,
gleich bunten Fischerbooten auf einem fremden Meer.

Das Klopfen eines Spechtes durchdringt nur kurz die Ruh',
dann neigt der bunte Abend sich seinem Ende zu.
Der Bäume dunkle Schatten verfärben schon das Laub
und mit den blassen Farben verfällt manch Traum zu Staub.

Oktoberwald, verzauberst mich mit deinen bunten Farben,
will immerfort und seelenfroh an deiner Pracht mich laben.
Möcht dich im steten Lichte sehn, darf nichts an dir versäumen,
nur dann bin ich ein Teil von dir, kann selig in dir träumen.

Herbstzeit

In güld'nem Glanz erstrahlen stolz die Wälder,
verträumt in sanftem Farbenspiel
und taumelnd über kahle Felder
treibt's bunte Blätter ohne Ziel.

Kühle Nebelschwaden kreisen
auf seelenlosem Grund,
verspielt auf dunklen Schneisen,
ein Tanz zu früher Stund.

Von fern erschallt durchdringend
des Kranichs lauter Schrei,
im Winde jäh verklingend, -
ich fühle mich so frei.

Zu neuen Ufern führt sein Flug,
dem Leben stets entgegen,
es treibt ihn weit auf seinem Zug,
auf altbewährten Wegen.

Ich möcht' ihm folgen durch die Welt,
möcht' fliehen vor der Zeit
und schweben hoch am Himmelszelt,
befreit von Sorg' und Leid.

Noch zeigt der Herbst sich farbenfroh,
lässt zartes Leben ahnen,
noch schwenkt die Seele ebenso
die herbstlich bunten Fahnen.

Doch naht die dunkle Winterzeit
erstarrt mein Herz zu Eise;
die Sehnsucht treibt mich endlos weit
auf unbestimmte Reise.

So lass mich geh'n, du bunter Wald,
möcht' mit dem Kranich schweben;
mir wird so schaurig und so kalt
lass fliegen mich ins Leben.

Im Geiste bleibt das Bild besteh'n
von deinem Farbenspiel,
bis wir uns dereinst wiederseh'n,
so ist mein Herz am Ziel.

Jagdzeit

*Zu früher Stund' schallt Hörnerklang,
der Hunde schaurig Chorgesang,
zieht weit hinaus ins Waldrevier,
die Nacht umhüllt noch Pflanz' und Tier.*

*Am Forsthaus strahlt ein fahles Licht
erwartungsvoll blickt manch Gesicht,
es sammelt sich die Jägerschar
zur großen Jagd wie jedes Jahr.*

*Vom Hochwald weht ein kühler Hauch,
und löst ein Blatt vom Haselstrauch,
es riecht nach Erd' und nassem Moos.
Es dämmert schon. Bald geht es los!*

*Der Jagdherr gibt die Strecke frei,
von Fern ertönt des Hähers Schrei.
Schon steht die Treiberwehr bereit,
auf, auf zur Jagd,- es ist soweit.*

*Nach langem Marsch am Waldesrand
erreich' ich fröstelnd meinen Stand.
Kein Laut dringt vor an diesen Ort,
im Wind zieh 'n dunkle Wolken fort.*

*Die Kanzel wird zur Herberg' mir,
so lausch gespannt ich ins Revier.
Ein Zeisig zirpt zart im Gezweig
und putz vergnügt sein Federkleid.*

Doch da,- ganz nah, ein Hund gibt Laut,
spür' leises Zittern auf der Haut,
in wilder Flucht, welch Hochgenuss,
ein Rotwildkalb, schon bricht mein Schuss.

Es fällt im Knall, verendet bald,
das Echo durch die Wälder schallt
und Buchen leuchten farbenfroh,
ein Waidmannsdank, ein Horrido.

Die Zeit verrinnt, fern Schüsse fall'n,
manch' Jagdfreund lässt die Büchse knall'n.
Bin tief beglückt, im Herzen frei,
Signal ertönt, - Jagd aus, vorbei.

Die Strecke liegt nach langer Pirsch
Reh, Keiler, Fuchs und Hirsch.
Ein Szenenbild wie Poesie,
im Wald verklingt das Halali.

Zieh still den Hut in Dankbarkeit
voll Ehrfurcht vor des Wildes Leid.
Ein helles Feuer wärmt die Luft,
ich träum' beseelt im Tannenduft.

Sturm

*Gar schaurig heult der Wind durchs Land
und pfeift an Tür und Fenstern,
die Wogen tosen wild am Strand
gleich zornigen Gespenstern.*

*Dumpf schlägt die Brandung an die Pier,
ein Dröhnen weht durchs Haus
und schäumend zischt die Flut voll Gier
zurück aufs Meer hinaus.*

*In dunklen Fetzen peitscht der Sturm
das Wolkengrau voran,
hell leuchtend weist der nahe Turm
die fernen Schiffe an.*

*Ein Möwentrupp steht dicht gedrängt
im Schutz der hohen Dünen
dort wo der Weg sich sanft verengt
und Sanddornbüsche grünen.*

*Vom Dache trieft es rinnsalgleich
in flache braune Pfützen,
dem Sturme trotzt durchnässt der Deich,
vor Unheil uns zu schützen.*

*Ich spür' des Ofens milde Glut
so friedlich mich durchströmen,
im Kerzenschein brüllt wild die Flut
in rätselhaften Tönen.*

*Beglückt und in Geborgenheit,
folg' ich dem wilden Treiben
und fühl' wie's mir das Herz befreit,
möcht ewig hier verbleiben.*

Inselnacht

Respektlos dröhnt die See vom Strand,
ihr Sturm beherrscht die Nacht,
zerrt wild an steiler Dünenwand,
mein Eiland schweigt und wacht.

Der Deich trotzt zäh der Wogen Wut,
doch eisig spritzt die Gischt,
stellt mutig sich der wilden Flut,
kein Licht im Dorf erlischt.

Manch Bangen mischt mit Hoffnung sich
in Gassen trist und leer,
vom Groden blitzt des Leuchtturms Licht,
ganz nah tost dumpf das Meer.

Sein Schein erstrahlt in warmer Glut
an nasser Häuserfront
und strömt vertraut, wie zum Salut,
zum fernen Horizont.

Gebannt und starr verharrt der Ort
umschäumt von wilder See,
zum Himmel steigt manch flehend' Wort
durch Gärten staubt der Schnee.

Winter

Der See träumt unterm Eise,
auf wundersame Weise
erstarrt die ganze Welt.

Die Vöglein in den Zweigen
andächtig, stille schweigen,
es ruhen Wald und Feld.

Auf tief verschneiten Wegen,
auf unsichtbaren Stegen
erstrahlt die weiße Pracht.

Zart wärmt die Morgensonne,
erfüllt mein Herz mit Wonne,
vorbei die kalte Nacht.

Oh Welt, du scheinst gefangen,
wo bunte Vögel sangen
ertönt kein Laut im Hain.

Wo ihre Lieder schallen
scheint's Leben zu erkalten.
Du kannst dich nicht befreien.

So lasst uns still genießen,
bis helle Knospen sprießen
und neues Grün entsteht.

Halt inne, holde Seele,
bis aus des Vögleins Kehle
der Frühling durch die Lüfte weht.

Weihnacht am Meer

*Ein fahles Licht erhellt die Gassen,
im Scheine tanzt der Schnee.
des Tages Farben zart verblassen,
vom Deiche lockt die See.*

*Der kalte Wind trägt süßen Duft,
haucht weihnachtliche Klänge,
manch' Festtagsschmaus erfüllt die Luft,
o heilige Gesänge.*

*Von fern vernehm' ich zart Geläut,
hör' Kinderstimmen klingen,
aus warmen Stuben, mir zur Freud,
vertraute Lieder dringen.*

*Seh' Kerzenschein und Sternenglanz
durch zart vereiste Scheiben,
auf buntem Tisch die Weihnachtsgans,
spür' feierliches Treiben.*

*Der Seewind bläst vom Dorfplatz her,
zerrt wild an Häuserecken,
mein Weg führt mich hinaus ans Meer
längs schneebedeckter Hecken.*

*Im Dunkel bleibt der Ort zurück,
ganz leis' noch geht ein Singen,
ein altes, wundervolles Stück,
beglückt hör ich's verklingen.*

*Verstummt das Lied der hei'lgen Nacht,
verweht die feinen Düfte,
des Meeres Weihnachtsmelodie schwebt sacht
durch winterliche Lüfte.*

Menschen

Der alte Mann

*In Nachbars Garten, hinterm Zaun
sitzt unter einem Apfelbaum
der alte Mann auf seiner Bank,
blickt fröhlich drein, dem Herrn sei Dank.*

*Manch' Leiden blieb ihm nicht erspart,
doch hat er's Lächeln sich bewahrt.
Weit über achtzig Lenze alt,-
er kämpfte, wo's zu kämpfen galt.*

*Ich kenn' ihn schon so viele Jahr',
er oft mir Freund und Vorbild war.
Sein Motto war Bescheidenheit,
sein Lebensziel Glückseligkeit.*

*Gar fleißig stand er seinen Mann,
sein Pflichtgefühl trieb stets ihn an.
Jetzt hockt er dort im Sonnenschein,
seit Jahren lebt er schon allein.*

*Die Frau ihm starb vor langer Zeit,
der Weg zur Tochter ist gar weit.
Doch klagt er nicht, genießt die Ruh'
und schließt im Traum die Augen zu.*

Reichtum

*Gar trostlos dem das Leben scheint,
dem Reichtum bleibt versagt.
Und sind auch Mut und Fleiß vereint,
so mancher doch verzagt.*

*Manch Wesen sieht im Geld den Sinn
des eigentlichen Sein
und spreizt die Hände nach Gewinn,
treu dem, was du nicht hast, wird mein.*

*Nicht Skrupel noch Gewissen lenkt
in diesem Fall die Tat,
wem Weitblick fehlt, wer herzlos denkt,
der ist des Teufels Saat.*

*Verlockend scheint, was greifbar nah,
der nächste wird verzeih'n,
es würden Träume endlos wahr, -
wen schert des And'ren Pein.*

*Doch Blendwerk jenes irdisch Gut,
dem alle Welt verfällt,
das glanzlos in der Hölle Glut
am Ende doch zerfällt.*

*Nicht Geld und Macht, nicht Haus noch Feld
sind Wert im Maß der Zeit,
Kometen gleich in dieser Welt,
Garant für stetes Leid.*

*Doch reich zu nennen sich erfreut,
wer steter Gier nicht frönt,
wer Einsicht fand, wen's nie gereut,
wer Kurzsicht laut verhöhnt.*

*Von wahrem Reichtum der nur weiß,
der tief den Blick stets richtet,
beherzt entspringt des Teufels Kreis
und mühelos verzichtet.*

Lasse

*Ach wie niedlich ist mein Schatz,
blonder, kleiner Hosenmatz.
Dünne Beinchen ruhelos,
strampeln wild auf Mutters Schoß.*

*Schrill ertönt ein heller Schrei,
Vater, bring den süßen Brei!
Endlich still der kleine Wicht,
Freude steht ihm im Gesicht.*

*Und sogleich vertilgt er stumm,
fuchtelt mit den Händchen rum,
seine Mahlzeit ohne Hast,
ohne Kleckern, naja, - fast.*

*Lächelst fröhlich kleiner Mann,
schaust vergnügt den Teller an,
plötzlich Stille,- ist kein Jux,
geht ein Häufchen in die Bux.*

*Vater rasch die Windel her,
mach doch schon, es riecht gar sehr.
Runter mit dem Hosenlatz,
trocken liegt der kleine Fratz.*

*So zufrieden reibt er sich
mit den Fingern im Gesicht.
Ist ganz müde und so brav,
schlummert fest in tiefem Schlaf.*

*Bin so stolz auf dieses Kind,
mach mich aber doch geschwind
aus dem Staube schon alsbald
bin für diese Müh' zu alt.*

Lina

Seh' ich in die Augen dir,
seh' sie froh erstrahlen,
springt das Herz vor Freude mir,
fort sind alle Qualen.

Hör' ich deiner Stimme Klang,
hör sie leis' ertönen,
lass ich mich wie von Gesang,
liebevoll verwöhnen.

Fühl ich deine weiche Haut
fühl sie mich berühren,
bin ich dir so sehr vertraut,
lass mich sanft entführen.

Riech' ich deiner Haare Duft,
riech' dein junges Leben,
möcht ich mit der zweiten Luft
Altes neu erleben.

Halt ich still dich bei der Hand
halt sie fest umschlossen,
eint uns jenes starke Band,
sanft, doch unverdrossen.

Denk ich an dein Angesicht,
denk an alte Zeiten,
Erinnerungen sterben nicht,
stets sie mich begleiten.

Seh' ich in die Augen dir,
seh' den Sinn des Lebens,
die eig'ne Tochter steht vor mir,
am Ziele meines Strebens.

Der Fischer

*Am fernen Weiher sitzt entspannt
auf wackeligem Stuhle,
ein alter Mann und blickt gebannt
ins trübe Nass der Kuhle.*

*So selig und bewegungslos
mit stetig wachem Geist,
die Angel ruht in seinem Schoß,
doch keins der Fischchen beißt.*

*Ein kühler Wind zieht durch den Wald,
treibt graue Nebelschwaden,
der Ruf des Spechtes hell erschallt
schrill zirpen die Zikaden.*

*Am Schilfe leuchtet farbenfroh
des Fischers kleine Pose,
zum Ufer taucht ein Wasserfloh
zart duften wilde Moose.*

*Nichts treibt ihn an, die Zeit steht still,
ich seh' so gern ihm zu,
find' Frieden hier, welch ein Idyll
versink' in tiefe Ruh'.*

Der Bettler

Ich sah ihn im Vorübergeh'n,
im Lichte der Laterne,
sah zitternd ihn am Dorfplatz steh'n,
im trüben Glanz der Sterne.

Gesenkten Blickes harrt er dort,
erbittet milde Spende,
der Welt entrückt, er spricht kein Wort,
nichts wärmt die kalten Hände.

Sein Hündchen ruht in wachem Traum,
trotzt treu dem frost'gen Winde,
ihn wärmt sein Pelz, sein dichter Flaum
im Schutze einer Linde.

Wer mag er sein, der alte Herr,
hab nie ihn hier geseh'n,
sein stilles Leid schmerzt mich so sehr
mich drängt's, zu ihm zu geh'n.

Wohl hört er meine Worte nicht,
doch reicht er mir die Hand,
erzählt mit Freudentränen im Gesicht
von einem fernen Land.

Er schwärmt vom Meer, vom Dorf am Hain
von mancher schönen Maid,
ein Leben voller Sonnenschein,
doch dann begann sein Leid.

Ein Kampf fortan, die Frau ihm starb,
die Krankheit nahm den Sohn,
und was er säte, jäh verdarb,
kein Glück, kein Dank, kein Lohn.

Sein Schicksal ging mir so ans Herz,
doch musst' ich weitergeh'n,
der Bettler blieb in Freud und Schmerz
wo kalt die Winde weh'n.

Liebe, Sehnsucht und Gefühle

Erste Liebe

Einst trafen unsere Blicke sich,
in steter Wiederkehr,
schon trafen Amors Pfeile mich,
so viele Jahr' ist's her.

Gar oft gedenk ich dieser Zeit,
die tief im Herzen mir.
Erfüllt mich stets mit Dankbarkeit,
bewahrt das Bild von Dir.

Ich sehe Deiner Augen Glanz,
dein leuchtend schwarzes Haar,
sein Duft, er fordert mich zum Tanz,
ein Kindertraum scheint wahr.

Der Wege viele schritten wir
gemeinsam Hand in Hand
und fühlten zwischen Dir und mir
der Liebe gülden Band.

Mit jugendlicher Leichtigkeit
genossen wir die Welt,
in tief vertrauter Zweisamkeit
hat Glück sich eingestellt.

Nie enden soll's, so unser Schwur,
wie könnt es je vergeh'n,
so folgten wir der Liebe Spur,
wir täten's nie versteh'n.

Doch bald darauf am Firmament,
als wär's des Schicksals Lauf,
so tief ein Schmerz im Herzen brennt,
zieh'n dunkle Wolken auf.

So trieb's mich schier zum Wahnsinn hin,
ohnmächtig zuzuseh'n,
die Welt erschien mir ohne Sinn,
allein, Du musstest geh'n.

Vorbei die Zeit, die holde Zeit,
der böse Abschied naht,
wohin der Weg? – Zurück? - Zu weit,
versperrt blieb jener Pfad.

Manch Umstand trug daran die Schuld,
dass ich nie wieder sah,
auch wenn ich's trug mit viel Geduld,
dein leuchtend schwarzes Haar.

Doch trag das Bild ich in mir fort
von meiner liebsten Maid,
als Diamant von Ort zu Ort,
Juwel in Ewigkeit.

Ihr Bildnis

Ich sah ein erstes Bild von ihr,
wie im Vorübergeh'n,
spür' zartes Beben tief in mir,
konnt's weder deuten noch verstehn.

Der sanften Augen treuer Blick
drang mild ins Herz mir ein,
ihr liebes Lächeln, o welch' Glück,
vertrieb des Lebens Pein.

Ich kannte ihre Herkunft nicht
und floh aus dunklem Tal,
ins Dasein strahlte neues Licht
vorüber Schmerz und Qual.

Welch Zauber mir die Seele füllt,
fall taumelnd in die Zeit,
ein neues Ziel den Raum umhüllt,
ich fühl' Glückseligkeit.

Ewige Liebe

So lang ist's her, dass ich sie sah
Im Saal der alten Schenke.
Seither, sie war kaum siebzehn Jahr',
ich des Moments gedenke.

Man feierte ein rauschend' Fest
und tanzte froh im Kreise,
ihr Bildnis mich nicht ruhen lässt
auf meinem Weg zum Greise.

Voll Lieblichkeit ihr sanfter Blick,
ihr jugendlicher Charme,
gar schüchtern, doch verlockend schick,
mir ward ums Herz so warm.

Ich kannte ihren Namen nicht,
ich sah sie nie zuvor,
ihr Zauber warf ein gleißend' Licht,
ein Stern zog grell empor.

Wir trafen uns so manches Mal
allein, an stillem Orte
und tauschten Küsse ohne Zahl,
bedurften kaum der Worte.

Der Liebe Kraft war steter Gast,
half häufig uns durchs Leben,
gab Hoffnung, Trost, nahm manche Last,
lies uns auf Wolken schweben.

Sie lebt in mir, die holde Zeit,
ich kann nicht von ihr lassen,
folgt treu mir in die Ewigkeit,
nie wird dein Bild verblassen.

Neues Glück

Wir trafen uns am großen Fluss,
weit draußen vor der Stadt,
auf Deiches Kron' ein erster Kuss,
zwei Herzen sanft verknotet hat.

Dein Lächeln nahm die Sinne mir
und deiner Augen Strahl
wies leuchtend mir den Weg zu dir
aus quälend, dunklem Tal.

Wie seltsam, dieser Augenblick,
ein Pflänzchen schoss empor,
sein zartes Grün birgt neues Glück,
ich sah dich nie zuvor.

Doch wie vertraut schien mir die Welt
am Strom im Sonnenschein,
mein Arm dich fest umschlungen hält,
möcht' ewig bei dir sein.

Die Zeit wird uns zur Dienerin
auf steilem, schwerem Weg,
denn sie verwaltet den Gewinn
und baut so manchen Steg.

Ich möcht' das Pflänzchen wachsen sehn
zu voller Blütenpracht,
möcht' froh mit dir durchs Leben gehn
an jedem Tag, in jeder Nacht.

Schwerer Abschied

*Im Licht des jungen Tages steh einsam ich dahier,
nächtlich Gewand entschwindet, weckt Traurigkeit in mir.
Ein kühler Hauch mich streifet vom nahen Waldesrand
und graue Nebel schweben, bedecken grünes Land.*

*Die Zeit kennt keine Gnade, sie rast trotz aller Pein.
Das Heim, für das ich lebte, ist nun bald nicht mehr mein.
Der neue Weg trägt Hoffnung und doch,- er ist so schwer,
so Vieles mich verbindet mit dir, mein Land am Meer.*

*Ihr dunkelgrünen Tannen dort in des Gartens Grund,
habt Schatten uns gespendet zu heißer Mittagsstund.
Wie stolz seid ihr gewachsen, mit Freud' hab ich's geseh'n,
werd' weiter wachsen müssen, allein, ich muss nun geh'n.*

*Der Feiern gab's gar viele dort in des Nachbarn Haus,
getanzt, gelacht, gesungen, doch nun ist alles aus.
Die Freundschaft wird nicht enden, der Pfad war allzu weit,
den wir gemeinsam schritten in dieser schönen Zeit.*

Von hohem Baume schallt schon der Amsel trauter Sang,
ich knie am Rand des Gartens, mir wird so schrecklich bang.
Die Erd' in meinen Händen gab Nahrung uns und Kraft,
ließ Kohl und Möhren sprießen und Äpfel voller Saft.

Das Haus, ich kann's nicht fassen, das all' die vielen Jahr'
uns Raum und Schutz geboten, der Kinder Herberg war.
Wie kann ich mir verzeihen, was ich den beiden stahl,
nur hier ist Kindheit Kindheit, gibt's Träume ohne Zahl.

Die Frau an meiner Seite, ich fühle ihren Schmerz,
mit ihr, mein Land, verlässt dich ein gütig, treues Herz.
Doch lächelt sie wie immer, will jedem Kraft verleih'n,
gequält ist dieses Lächeln, nie kann ich mir verzeih'n.

Ein letzter Blick so schmerzvoll in dieser bösen Stund',
ihr Blumen in den Beeten, ich sah euch nie so bunt.
Ihr werdet wiederkehren in neuer Farbenpracht,
lebt wohl, ich geh für immer mit schwerer Herzensfracht.

Der Traum vom Baikalsee

Nie sah ich dich du ferner See,
hört' nie dein sanftes Rauschen,
sah nie dich starr in Eis und Schnee,
durft' nie der Stille lauschen.

Dein Leuchten blieb verborgen mir
im Glanz der lichten Sterne,
geheimnisvoll wie Blausaphir
ein Zauber aus der Ferne.

Im Schoß der Taiga ruhst du schwer,
beherrscht das Spiel der Zeiten,
bist Gottes Gabe, heilig' Meer,
Juwel in Russlands Weiten.

Die weißen Birken funkeln stolz,
sanft schwirren die Libellen,
am Ufersaum treibt totes Holz
auf unberührten Wellen.

So gern möcht' ich am Ufer steh'n
und deinen Atem spüren,
möcht' träumend in die Tiefe seh'n,
nur einmal dich berühren.

Möcht' stürzen mich in deine Flut,
an deiner Frucht mich laben,
und tauchen durch dein heilig Blut,
beseelt von deinen Gaben.

Ich werd dich seh'n du ferner See,
werd' bald dein Rauschen hören,
in Glück vereint am Strande steh'n;
wer soll den Traum zerstören?

Heimweh

*Am Strand ich steh', an fernem Ort,
blick' schweigend auf die See,
es rauscht das Meer, es fällt kein Wort,
ich fühl' ein stechend Weh.*

*Die Fremde drückt die Seele schwer,
seh' dunkle Wolken zieh'n,
fühl' einsam mich, im Herzen leer,
möcht' diesem Ort entflieh'n.*

*Ein winzig Boot am Firmament
treibt einsam in die Nacht,
ein wildes Sehnen in mir brennt,
Vertrautes jäh erwacht.*

*Der Abendwind umspielt mein Haar,
als hörte er mein Flehen,
entfernte Bilder, Klänge gar,
am Horizont entstehen.*

*Das Lied der Heimat zart erklingt,
stimmt ein im Chor der Wellen,
gar wundersam das Herz durchdringt,
die Sinne sich erhellen.*

*Aus dunkler Flut der Mond sich hebt,
in rötlich hellem Scheine,
er über's Meer zur Heimat strebt,
ich folg' ihm still und weine.*

Verlassen

Wenn eisig kalt der Wind weht von See,
die Deiche sich winden im ewigen Schnee,
wenn Stille sich senket auf's funkelnde Watt,
der Mond früh am Himmel steht, düster und matt,
der Menschen Getöse verschwunden vom Strand,
dann lebst du neu auf, mein nordisches Land.

Dann seh' ich und fühle dein wahres Gesicht,
vorüber der Rummel im schmerzenden Licht.
Ein einsamer Vogel fliegt über mir her,
sein Schatten sich spiegelt im grautrüben Meer.
Ich lausche dem Winde, dem schmatzenden Schaum,
seh' ziellos ihn dümpeln im endlosen Raum.

Bin endlich allein und atme befreit
den heilenden Odem der Einsamkeit.
Erlösende Ruhe schwingt über das Eis,
und streichelt die Seele auf zärtlichste Weis'.
So dankbar ergreif ich die liebende Hand,
verfalle dem Zauber am einsamen Strand.

Nächtliche Gedanken

*Nur Dunkelheit beglückt den Raum,
ihr Schwarz durchzieht die Stille,
die Seele gleitet wie im Traum,
durchbricht der Welten Hülle.*

*Ein kühler Hauch befreit mein Herz,
sanft labend Geist und Glieder,
verweht des Tagwerks steten Schmerz,
summt nächtlich, süße Lieder.*

*Leis' stimm' ich ein und sink' entzückt
in grenzenlose Weiten,
wo Sphären, die so reich geschmückt,
zum Ursprung mich geleiten.*

*Ein Glanz von göttlicher Natur
erstrahlt in grellen Farben,
ich folg' im Rausch der bunten Spur
fühl' Wunden zart vernarben.*

*Vorüber scheint des Lebens Hast
der Menschen töricht Handeln,
die Nacht erlöst von schwerer Last
lässt still und frei mich wandeln.*

*Mir ist, als stürbe ich dahin
von Mächten sanft geborgen,
und flöge ohne Zwang und Sinn
in einen neuen Morgen.*

Stille

*Wie legt sich zart auf mein Gemüt
dies wohlige Empfinden,
das Leben schweigt, die Seele blüht
wo Reize sanft entschwinden.*

*Als taumelte ich schwerelos
durch weltentrückte Weiten,
und fiele weich auf grünes Moos
dem Schicksal zu entgleiten.*

*Befreit vom Schrei der schrillen Welt,
nur dem Moment verpflichtet,
des Alltags Fratze jäh zerfällt,
ein neuer Geist sich lichtet.*

*Ich geb' mich hin, von Hast befreit,
lass träumend mich umarmen
und sinke in die holde Zeit,
lass zärtlich mich umgarnen.*

*Welch Zauber mir die Seele füllt,
fall taumelnd in die Zeit,
ein neues Ziel den Raum umhüllt,
ich fühl' Glückseligkeit.*